Kleopatras Kampf um die Macht

Markus Zimmermeier

Latein leicht lesen

Kleopatras Kampf um die Macht

Vom Aufstieg einer jungen Herrscherin

Ernst Klett Sprachen
Stuttgart

1. Auflage 1 8 7 6 | 2021 20 19 18

Internetadresse: www.klett-sprachen.de

Autor: Markus Zimmermeier

Redaktion: Dr. Bettina Kratz-Ritter, Göttingen
Projektleitung: Bettina Höfels
Layoutkonzeption: Elmar Feuerbach
Illustrationen: Susanne Bochem, Mainz
Gestaltung und Satz: Sandra Vrabec
Umschlaggestaltung: Sandra Vrabec
Titelbild: Susanne Bochem, Mainz
Druck und Bindung: CEWE Stiftung & Co. KGaA, Germering
Printed in Germany

ISBN 978-3-12-667002-9

9 783126 670029

Inhalt

Anhang

Kleopatras Kampf um die Macht

Wir befinden uns im Jahr 52 v. Chr. Die kluge und ehrgeizige Kleopatra wird während einer Bildungsreise zurück nach Hause gerufen. Ihr Vater, der ägyptische Pharao Ptolemäus XII., liegt im Sterben und will seine Nachfolge regeln. Doch das geht gründlich schief ...

SCHLECHTE NACHRICHTEN

„Neque gloriam neque potestatem amare debetis, nam ...“

„Kleopatra!“, servus, qui appropinquat, clamat.

„Tace, serve!“, Kleopatra iubet. „Philosophum Graecum audire cupio.“

„Veniam da, Kleopatra domina! Sed pater tuus aeger est. Etiam vita in periculo est.“

Statim Kleopatra discedit et ad servum dicit: „Cur adhuc ibi stas, serve? Graeciam relinquere et Aegyptum patriam petere debemus. Veni mecum!“

Morbus patris Kleopatram valde sollicitat. Itaque cum servo in Aegyptum properat.

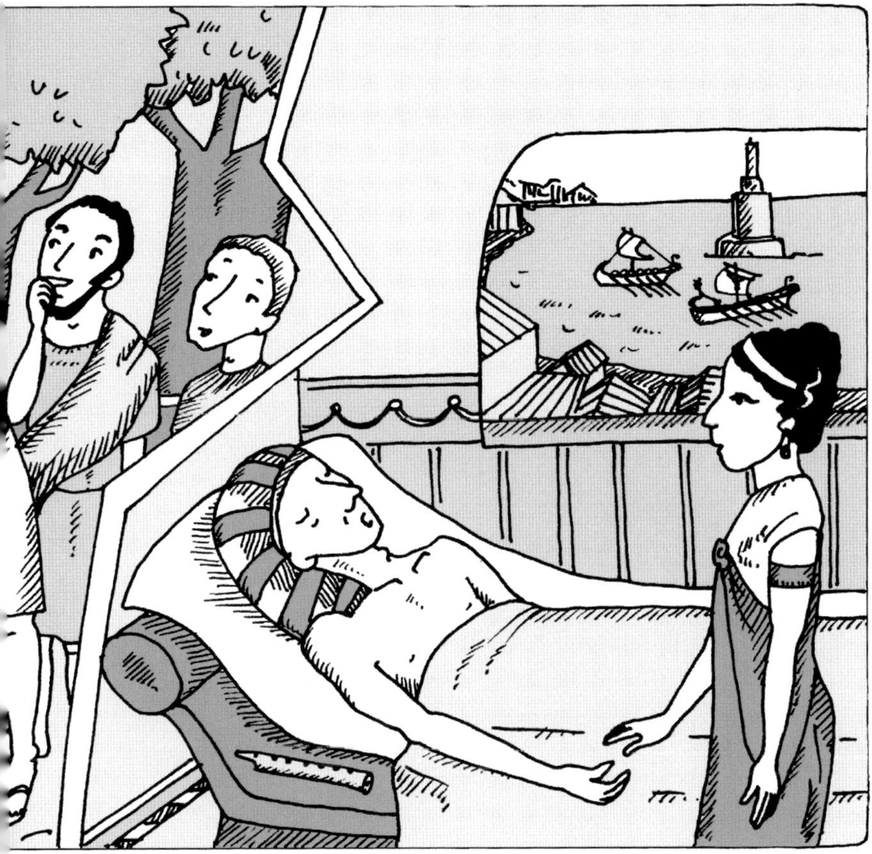

In Aegypto patrem salutat: „Salve, pater! Misera sum, quod aeger es."
Pater respondet: „Salve, filia cara. Scio te patrem tuum amare, sed misericordiam habere non debes. Nam misericordia nos infirmos facit. Nos autem firmi et duri esse debemus, nam fatum patriae in potestate nostra situm est."
Kleopatra: „Pro patria etiam interficerem [1], nam patriam meam et magnam historiam amo. Itaque timore care, pater! Gloriam non solum mihi, sed etiam patriae addam [2]."
Pater: „Filia bona es, Kleopatra, et mox regina bona eris [3]. Per te mortem non timeo."
Kleopatra: „Sed per te hostes me timebunt [4]."

1 **interficerem** ich würde töten - 2 **addam** ich werde hinzufügen - 3 **eris** du wirst sein - 4 **timebunt** sie werden fürchten

ZWEI AUF EINEM THRON

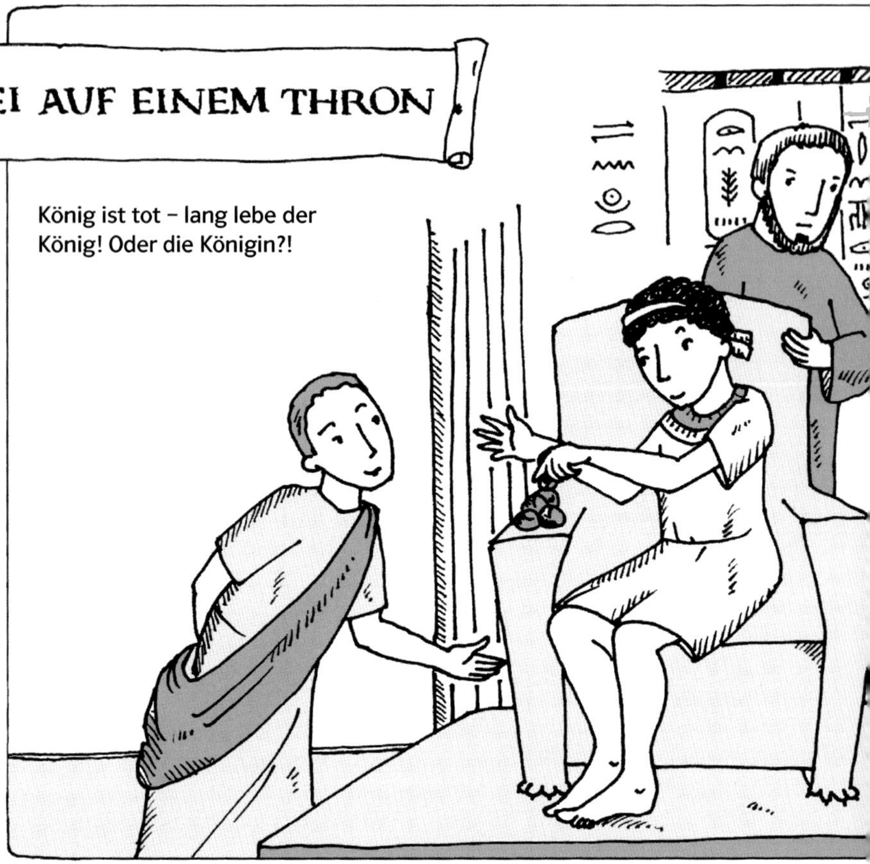

Rex Aegypti, pater Kleopatrae, mortuus est. Kleopatra irata est, quod sola regnare non debet. „Cur potestatem cum fratre Ptolemaeo, qui puer parvus et stultus est, dividere debeo? Mea est potestas!“ „Kleopatra domina et regina“, Prudentia serva dicit, „ut ipsa dicis, Ptolemaeus modo puer parvus et stultus est. Facile erit[1] Ptolemaeum vincere.“

„Tuum nomen est omen, Prudentia, sed frater etiam nonnullos adiutores habet: Potheinus et Achillus“, Kleopatra respondet. „Potheinus eunuchus est et Achillus vir stultus est, sed tu, Kleopatra, femina callida es.“

1 **erit** es wird sein

Dum Kleopatra paulatim iram amittit, Ptolemaeus adhuc iratus est. „Cur potestatem cum sorore dividere debeo, Potheine?"
„Puer parvus es", Potheinus respondet.
„Non puer parvus, sed rex magnus sum!", Ptolemaeus clamat. „Et nunc discede et nuces[2] mihi apporta!
Postea Kleopatra cum fratre sellam regiam[3] ascendit. Dum sedent, Ptolemaeus iratus ad sororem dicit: „Potheinus et Achillus mecum ludere non cupiunt. Itaque tu mecum ludere debes! Cape nuces, soror!" „Tene nuces! Regnum non ludus est! Aut disce regnare aut locum da!"

2 **nuces** Nüsse (beliebtes Spielzeug) - 3 **sella regia** Thron

DER MACHTKAMPF BEGINNT

„Ptolemaeum docere debeo, Prudentia", Kleopatra dicit. „Quid docere?", Prudentia quaerit, „vitam veram?" „Vitam veram et severam. Ptolemaeus intellegere debet puerum parvum regnare non posse[1]."
„Quomodo?" „Cogito ..."
Postea Ptolemaeus cum sorore Arsinoe[2] disputat. „Adiuva me, soror! Kleopatra regina esse non debet."
„Sed pater iussit te et Kleopatram regnare ..."
Subito vir apparet. „Quis es?", Ptolemaeus rogat. „Legatus e Syria, provincia Romana, sum." „Cur hic es, legate?", Arsinoe quaerit.

1 **posse** können - 2 **Arsinoe** jüngere Schwester der Kleopatra, aber älter als ihr Bruder Ptolemäus

„Auxilium contra Romanos peto. Syria provincia Romana esse non iam cupit. Si nos adiuvas, praemium magnum tibi damus." „Praemium magnum!? Gaudeo! Narra regi tuo: Ptolemaeus statim auxilium mittet[3] ..."
„Mehercle!", Kleopatra, quae cum Potheino accedit, clamat. „Cupisne bellum contra imperium Romanum facere, quod legatus Syriae praemium promittit?! Insanum est! Tu insanus es, frater! Imperium Romanum invictum est. Calamitas Aegypti certa est, si contra Romanos pugnas."
Dum Potheinus et Arsinoe Ptolemaeum magno cum pudore observant, Kleopatra explicat: „Gaudeo legatum non verum esse. Ego legatum misi, quod te examinare cupivi. Non vicisti, frater."

3 **mittet** er wird schicken

CAESAR SETZT DIE SEGEL

„Ave, Caesar", miles Romanus dicit, „tibi epistulam ex Aegypto apporto." „Da mihi! Epistulam statim legere cupio, nam fatum Aegypti etiam ad nos Romanos pertinet. Si Aegyptus non certa est, frumentum Aegyptium non certum est. Et si frumentum Aegyptium non certum est, victus in imperio Romano non certus est." Caesar legit et clamat: „Mehercle! Frumentum in periculo est! Nam controversiae et pugnae inter reges Aegyptios sunt! Statim in Aegyptum properare debeo! Frumentum servare debeo!"

Paulo post Caesar in Aegyptum navigat. Dum Caesar litus Aegypti de nave spectat, Pullus tribunus Caesarem quaerit: „Quid nunc in animo habes, o Caesar?" „Imperium Romanum socios firmos et certos habere oportet. Controversiae autem firmitudinem minuunt. Itaque controversias finire debeo." „Quomodo, Caesar?", Pullus rogat. „Primum ambos reges, et Ptolemaeum et Kleopatram, colloquiis cognoscere debeo. Deinde iudicabo[1], uter optimus sit[2]. Denique optimum adiuvare in animo habeo." Et Pullus dicit: „Ego Kleopatram reginam optarem[3] et Ptolemaeum regem fugarem[4], nam Kleopatram feminam pulchram esse audivi."

1 **iudicabo** ich werde urteilen – 2 **sit** *(Konjunktiv)* ist – 3 **optarem** ich würde wählen – 4 **fugarem** ich würde in die Flucht schlagen

KLEOPATRA HAT ES EILIG

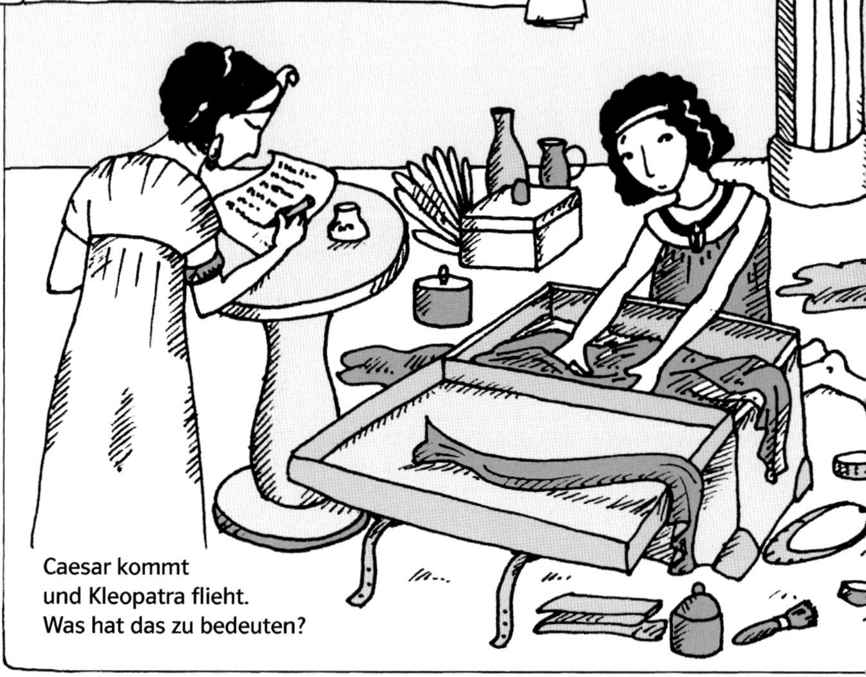

Caesar kommt
und Kleopatra flieht.
Was hat das zu bedeuten?

Dum Caesar appropinquat Alexandriae, quae urbs est, ubi reges Aegypti habitant, Kleopatra non iam ibi est. Cur patriam reliquit? Fugere debuit, nam Ptolemaeus et adiutores sorori potestatem rapuerunt. Itaque non gaudet, sed deos orat: „Audite vocem meam, dei magni! Fratrem punite et mihi date, quod meum est!" Prudentia serva reginam monet: „Fortasse dei tibi auxilium dant, Kleopatra, sed milites Alexandriae Ptolemaeum adiuvant."
Kleopatra: „Ergo Palaestinam peto. Ibi milites bonos et peritos emere possum."

Prudentia: „Si Ptolemaeum vincere cupis, etiam benevolentiam Caesaris tibi conciliare debes, quod non facile est, nam non tu, sed Ptolemaeus Caesarem in Alexandria accipit. Fortasse Caesar itaque putat Ptolemaeum regem optimum Aegypti esse."

Kleopatra: „Ergo ego Palaestinam peto et tu ad Alexandriam redis. Ubi in urbe es, epistulam Caesari da!" Prudentia: „Quid scripsisti?"
Kleopatra: „In epistula explico Kleopatram reginam veram et sociam optimam esse et Ptolemaeum futurum non habere. Iubeo Caesarem exspectare: Caesari praeclaro licet dono praeclaro gaudere."

GESCHENKE UND VERSPRECHUNGEN

Ptolemäus hat ein Geschenk für Caesar. Gelingt die Überraschung?

Dum Prudentia epistulam Kleopatrae apportat, Caesar domum regiam[1] Alexandriae intrat. „Salve, Caesar!“, Ptolemaeus clamat. „Gaudeo me te in domo mea salutare.“ „In domo tua? Nonne domus etiam Kleopatrae est?“, Caesar interrogat. „Kleopatra soror potestati meae cessit. Non iam regnat, sed in exilio vivit. Ergo rex solus Aegypti sum. Ergo modo mecum negotia agere debes.“ Sed Caesar respondet: „Nemo Caesari imperia dat, nam Caesari imperium maximum est.“

Tum Ptolemaeus: „Iram in Caesare videre non cupio. Itaque tibi donum do.“ Statim nonnulli milites Aegyptii cistam apportant.

1 **domus regia** Königspalast

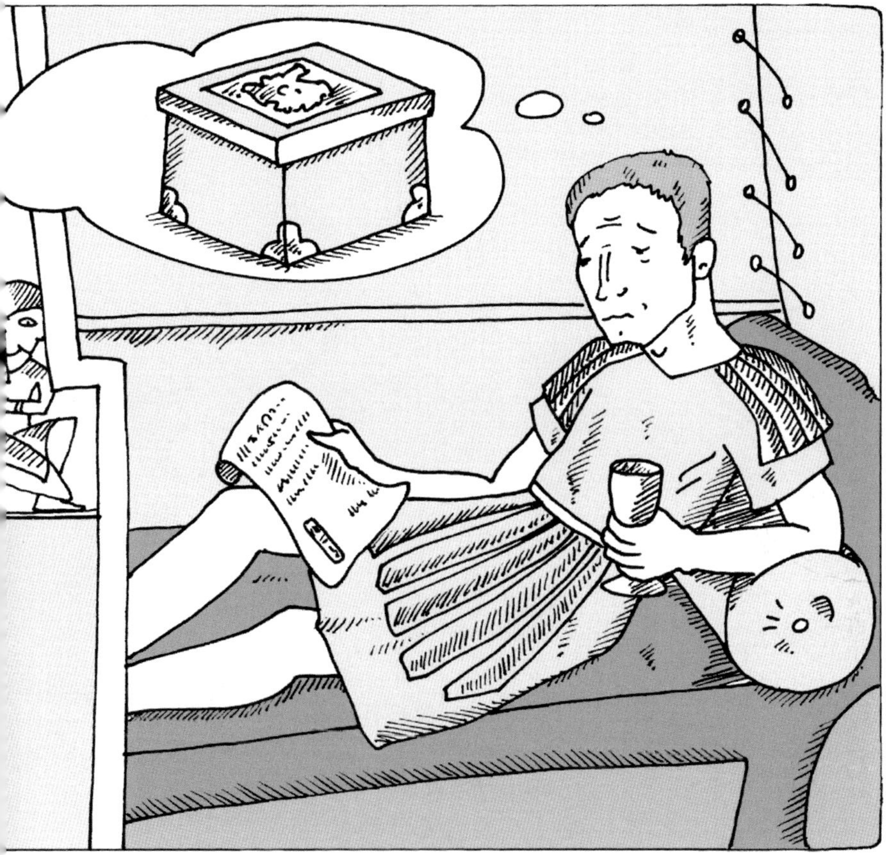

„Quid inest?", Caesar quaerit. „Caput Pompeii Magni, hostis tui, inest." „Vae! Pompeius Magnus non solum adversarius, sed etiam amicus meus fuit. Mortem eius minime cupivi." Tum Caesar iratus cum militibus domum regiam Ptolemaei relinquit et ad castra Romana properat. Ibi Pullus Caesari epistulam dat et explicat: „Ecce epistula Kleopatrae." Caesar accipit, legit, dicit: „Mehercle! Etiam Kleopatra mihi donum dare cupit. Num caput uxoris meae est?"

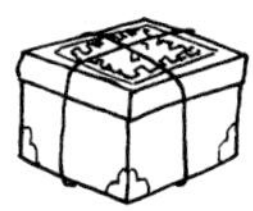

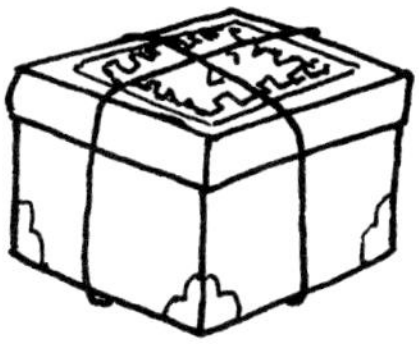

UND NOCH EINE ÜBERRASCHUNG

Wird Kleopatras Überraschung besser bei Caesar ankommen als das Geschenk des Bruders?

Postquam Prudentia Pullo epistulam dedit, nunc rursus in castris Kleopatrae est et de colloquio inter Ptolemaeum et Caesarem narrat. „Gaude, Kleopatra! Nam Ptolemaeus Caesarem dono minime delectavit." „Profecto gaudeo, sed calamitatem fratris non celebro, nam nunc cito et prudenter agere debemus, Prudentia, antequam Ptolemaeus Caesarem placat." „Quomodo autem gratiam Caesaris merere cupis, regina?" „Apporta stragulum magnum!" „Estne stragulum donum pro Caesare?" „Non solum stragulum." „Sed etiam?" „Exspecta, Prudentia! Exspecta!"

Postea – nox iam adest – Pullus cubiculum Caesaris intrat. „Salve, Caesar! Ante portam nonnulli servi Kleopatrae adsunt, qui stragulum portant." „Iube servos intrare, Pulle!" Tum servi intrant et Caesarem salutant: „Salve, Caesar! Donum Kleopatrae dominae nostrae pro Caesare apportamus." „Si domina vestra gratiam meam merere cupit, stragulum aureum esse debet", Caesar monet. „Aurum in stragulo est. Vide, Caesar!", servus dicit. Dum servus stragulum evolvit[1], femina, quae in stragulo fuit, apparet. „Mehercle", Caesar clamat, „tu Kleopatra certe es. Donum, quamquam aurum non est, mihi valde placet!"

1 **evolvit** er rollt ab

EINE AUFREGENDE NACHT

Während ihre Diener aufräumen, zeigt Kleopatra Caesar, dass sie einiges zu bieten, aber auch eigene Wünsche hat.

Dum Kleopatra surgit, dicit: „Femina ut ego plus valet quam aurum." Caesar: „Feminam iam habeo." Kleopatra: „Scio. Audivi Calpurniam tertiam uxorem tuam esse." Caesar: „Ita est." Kleopatra: „Deditne autem Calpurnia tibi filium?" Caesar: „Adhuc filium exspecto." Kleopatra: „Maestum est, si vir sine filio est, nam vir sine filio est vir sine futuro." Caesar: „Femina valde callida es, Kleopatra." Kleopatra: „Me cognovisti, Caesar. Si ita agis, ut ego tibi suadeo, mox totam Aegyptum reges [1].

1 **reges** du wirst beherrschen

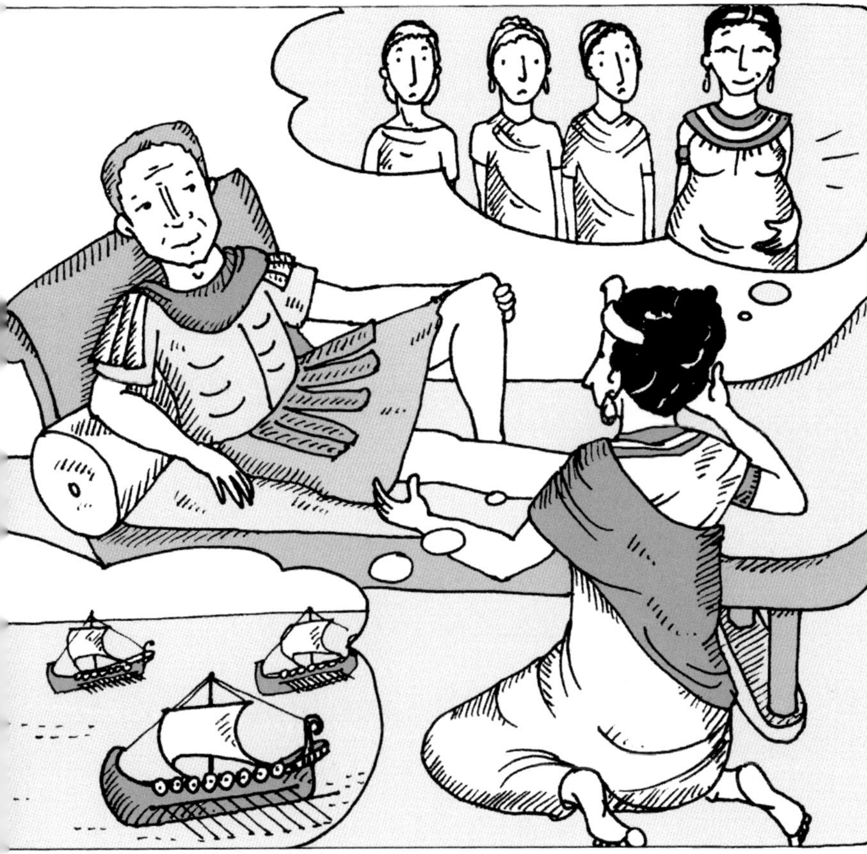

Caesar: „Quid mihi suades?“ Kleopatra: „Expugna portus[2] Aegypti! Si portus Aegypti habes, Aegyptum habes.“ Caesar: „Gaudeo te mihi adesse et consilium dare. Sed quid tu cupis, Kleopatra?“
Kleopatra: „Cupido mea non valet. Ego modo instrumentum tuum sum. Ego modo serva cupidinis tuae sum.“ Caesar: „Habesne iam cubiculum et lectum?“ Kleopatra: „Non habeo. Licetne mihi apud Caesarem dormire?“
Nunc tempus est tacere. Modo haec[3] verba tibi do: Post illam[4] noctem Caesar non iam diu filium exspectare debuit.

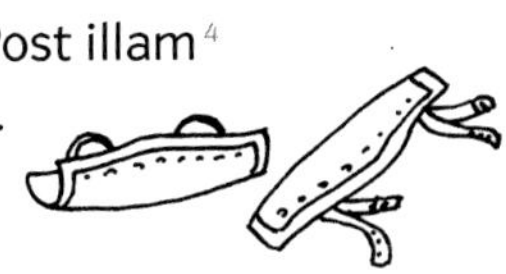

2 **portus** (Akk. Pl.) die Häfen – 3 **haec** (Akk. Pl. n) diese – 4 **illam** (Akk. Sg. f) jene

PTOLEMÄUS MACHT ERNST

Der kleine Bruder entdeck das Liebespaar. Was wird er tun?

Caesar cum Kleopatra in lecto iacet, cum subito Ptolemaeus intrat et clamat: „Quem in castris Caesaris invenio? Sororem meam! Apparet Caesarem iudicavisse. Apparebit[1] iudicium Caesaris non bonum esse. Nam copiae meae Caesarem et comitem lecti vincent[2]." Tum Ptolemaeus valde iratus castra Romana relinquit. Paulo post Pullus valde commotus apparet et Caesari dicit: „Vidi copias magnas, quae castris nostris appropinquant." Caesar respondet: „Legio Romana, quam hic in Aegypto habeo, non satis magna est. Itaque nos recipere debemus. Domus regia locus idoneus est.

1 **apparebit** es wird sich zeigen – 2 **vincent** sie werden besiegen

Pulle, iube milites naves Aegyptias incendio delere. In potestatem hostium venire non debent." Postea Prudentia accedit et clamat: „Bibliotheca Alexandrina in flammis est! Ignis de navibus advenit." Tum Kleopatra: „Quam miserum! Mundus multitudinem maximam litterarum amittit!" Caesar: „Vita plus valet quam litterae."

Anno post corpus mortuum Ptolemaei in flumine iacet. Quis Ptolemaeum necavit? Kleopatra? Caesar? Nemo scit.

DER TRIUMPHZUG

Multi homines venerunt, quod triumphum videre cupiunt. Etiam Prudentia et Pullus triumphum oberservant. Pullus: „Quam praeclarus triumphus est! Aegyptus imperio Romano divitias magnas dat. Sed quis est virgo misera, ibi inter obsides?“ Prudentia: „Arsinoe soror Kleopatrae est. Hominibus falsis et copiis malis favit.“ Pullus: „Homines intellegere debent copias Romanas semper bonas et rectas esse, nam copiae Romanae semper victores erunt[1].“ Prudentia: „Kleopatra domina mea quidem intellexit.“

1 **erunt** sie werden sein

Pullus: „Profecto intellexit. Et itaque nunc non solum regina Aegypti est, sed etiam mundum totum cum Caesare regit."
Prudentia: „Kleopatra unus homo est, quem Caesar non vicit."
Pullus: „Kleopatram vicit, nam a Kleopatra filium cepit. Filius pro Caesare victoria maxima, pro Kleopatra signum deditionis[2] est."
Prudentia: „Caesarion non solum filius Caesaris, sed etiam Kleopatrae est. Et non signum deditionis Kleopatrae est, sed potestatem Kleopatrae et gentis eius firmat. Per Caesarem et filium eius Kleopatra nunc femina potestatis et gloriae maximae est."

2 **deditio,** onis Unterwerfung, Kapitulation

WISSENSWERTES

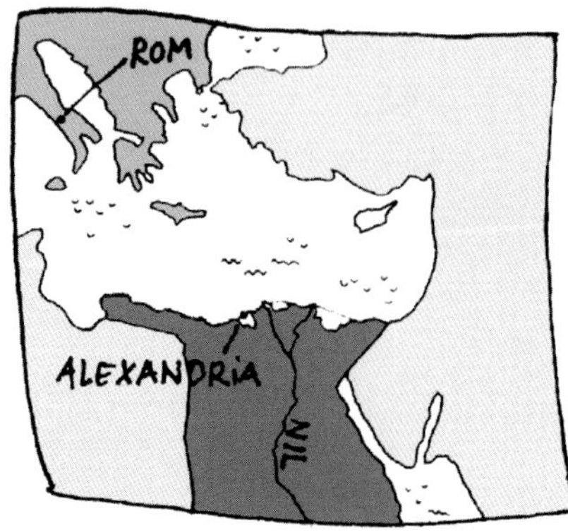

Das antike Ägypten

Du glaubst, das römische Reich sei alt? Nun, im Vergleich zu Deutschland hast du sicherlich Recht. Aber es gibt ein Land, das mehrere tausend Jahre vor den Römern schon sehr kultiviert war: Ägypten. Der beeindruckendste Beweis der ägyptischen Kunst sind die Pyramiden von Gizeh. Sie entstanden etwa 2500 v. Chr., während die sagenhafte Gründung Roms erst im Jahr 753 v. Chr. war. Die Pyramiden dienten als Grabmäler der ägyptischen Herrscher, die nicht Könige oder Kaiser genannt wurden, sondern Pharaonen. Sie wurden vom Volk wie Götter verehrt und strebten dementsprechend nach ewigem Leben.
Als Kleopatra geboren wurde (69 v. Chr.), war die Welt jedoch schon zum größten Teil in römischer Hand. Ägypten musste sich den Machtansprüchen Roms unterordnen. Von Interesse war die Region für die Römer vor allem wegen des Getreides, das in der römischen Hauptstadt massenweise benötigt wurde und im ägyptischen Klima gut gedieh. Deshalb wurde das Land auch die „Kornkammer Roms" genannt.

Kleopatra

Dass Kleopatra zu solch großer Machtfülle aufsteigen konnte, wie in der Lektüre beschrieben, war kein Zufall. Sie brachte nämlich alle Voraussetzungen mit, um im Leben und in der Politik erfolgreich zu sein. Zum Beispiel war sie sehr gelehrt: eine Bildungsreise wie die nach Griechenland dürfte keine Seltenheit gewesen sein. Ihr kulturell sehr interessierter Vater sorgte außerdem für die nötigen Ausbilder am königlichen Hofe. Kleopatra soll mindestens sieben Sprachen beherrscht haben. Ihre Muttersprache war übrigens nicht Ägyptisch, das sie aber auch sprechen konnte, sondern Griechisch. Ihre Vorfahren, die Ptolemäer, kamen nämlich aus Makedonien, wo Griechisch gesprochen wurde

Zu ihrem Vater scheint sie ein sehr gutes Verhältnis gehabt zu haben, denn Kleopatras Beiname war Philopator, die Vaterliebende. Trotzdem hatte ihr Vater es so vorgesehen, dass Kleopatra ihre Herrschaft mit ihrem kleinen Bruder teilen und ihn dafür auch heiraten musste. Später regierte sie Ägypten einige Jahre zusammen mit ihrer Schwester Arsinoe. Auch mit Caesar teilte sie sich eine kurze Herrschaft, und zwar die über das mächtigste Reich der damaligen Zeit: Rom.

Ptolemäus

Sowohl Kleopatras Bruder als auch ihr Vater hießen Ptolemäus. Unterschieden wurden die einzelnen Generationen der Ptolemäer bloß durch eine Nummer. So hieß Kleopatras Vater Ptolemäus XII. (der Zwölfte), während ihr Bruder unter dem Namen Ptolemäus XIII. (der Dreizehnte), bekannt war. Der erste Ptolemäus war übrigens ein Gefährte von Alexander dem Großen, in dessen Hände Ägypten um 332 v. Chr. fiel. Nach Alexanders Tod 323 v. Chr. übernahm Ptolemäus die Verwaltung der ägyptischen Provinz. 305 nahm er den Titel eines Königs an und begründete damit das Herrscherhaus der Ptolemäer, das Ägypten fast 300 Jahre lang regierte.

Kleopatras zweiter Kampf um die Macht

In unserer Geschichte begleiten wir Kleopatra bis zum Triumphzug in Rom (46 v. Chr.). Die gemeinsame Regierung des römischen Weltreiches dauerte jedoch nicht lange. Schon zwei Jahre später wurde Caesar ermordet. Damit verlor automatisch auch die bei den Römern unbeliebte Kleopatra ihre Macht.
Aber das Schicksal gab ihr eine zweite Chance, sich nach oben zu kämpfen (oder besser: zu „lieben") und zwar in Gestalt von Marcus Antonius. Dieser Mann, der sich nach Caesars Tod die Macht in Rom mit dem späteren Kaiser Augustus teilte, wurde ihr zweiter berühmter Geliebter. Das Verhältnis der beiden war so reich an Dramatik, dass es den berühmten englischen Schriftsteller William Shakespeare zum Theaterstück „The tragedy of Antony and Cleopatra" inspirierte. Wie der Titel (tragedy) schon andeutet, nahm ihre Beziehung kein gutes Ende; Antonius verlor den Kampf gegen seinen Rivalen Augustus und Kleopatra brachte sich (angeblich durch einen Schlangenbiss) selbst um.

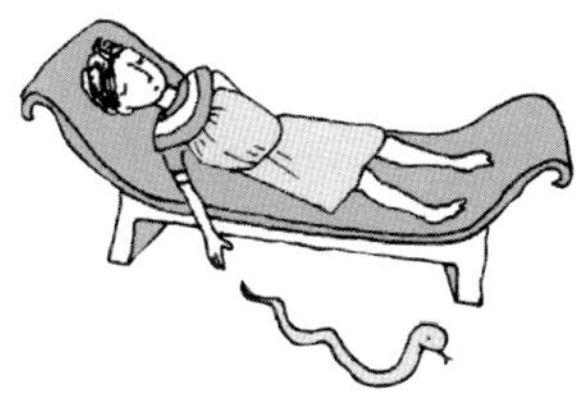

Arsinoe

Kleopatras jüngere Schwester Arsinoe wurde trotz ihrer Blutsverwandtschaft zu Kleopatras Konkurrentin im Kampf um die Herrschaft Ägyptens. Ihre Ansprüche auf den Thron waren allerdings deutlich geringer als die ihrer Geschwister. Daher stieg sie erst später in den Machtkampf ein, als Ptolemäus schon entmachtet war. Kleopatra betrachtete ihre jüngere Schwester so sehr als Feindin, dass sie Arsinoe als Geisel im römischen Triumphzug präsentierte. Allerdings hatten die Zuschauer eher Mitleid mit der jungen Frau, die 5 Jahre später in Ephesos (in der heutigen Türkei) ermordet wurde.

Caesarion

Caesarion hieß eigentlich Ptolemäus XV. (der Fünfzehnte). Da sein Vater aber kein Geringerer als der berühmte Caesar war, gab man ihn diesen Beinamen, der soviel wie „der kleine Caesar" oder „Caesarsohn" bedeutet.
47 v. Chr. geboren, präsentierte Kleopatra den einjährigen gemeinsamen Sohn in einem großen Triumphzug durch Rom.

Für Caesar war er der erste (und letzte) leibliche Sohn. Durch diese Blutsverwandtschaft war er insbesondere dem späteren Kaiser Augustus ein Dorn im Auge, der ja bloß Adoptivsohn von Caesar war. Verständlicherweise hat Augustus versucht, die Vaterschaft Caesars anzuzweifeln; was einige Wissenschaftler bis heute tun. Kleopatra aber sah in Caesarion ein Band zwischen Rom und Ägypten. Er sicherte ihr einen Platz an der Seite des mächtigsten Mannes der Welt, sodass sie selber zur mächtigsten Frau der Welt wurde.

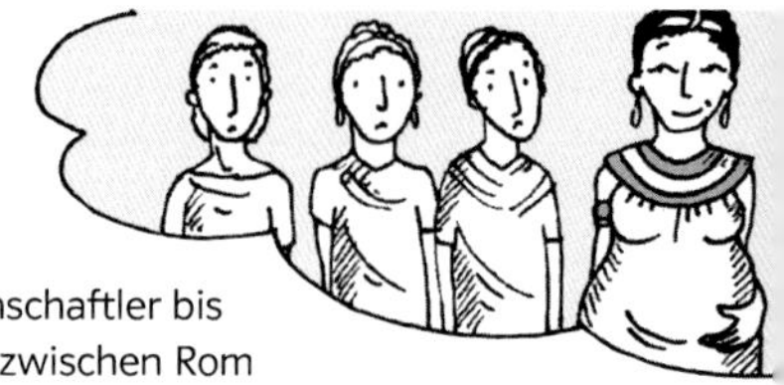

Caesarion starb bereits 30 v. Chr.

Alexandria

In der ägyptischen Hafenstadt Alexandria spielt sich der größte Teil unserer Geschichte ab, denn hier residierten die ägyptischen Herrscher. Namensgeber war Alexander der Große, der im 4. Jahrhundert v. Chr. fast die gesamte damals bekannte Welt beherrschte. Zur Hauptstadt Ägyptens wurde Alexandria, das jahrhundertelang ein autonomer Stadtstaat war und gar nicht zu Ägypten gehörte, erst in der Zeit, als die Ptolemäer (ab ca. 300 v. Chr.) Ägypten regierten. Damals begann eine Blütezeit: Alexandria wurde das geistige Zentrum der antiken Welt. Berühmt war der Leuchtturm von Pharos, der aufgrund seiner Größe zu den Sieben Weltwundern zählte. Leider brannte die Bibliothek, in der sich über eine Million Schriftrollen befanden und viele Gelehrte und Wissenschaftler forschten, in der Antike nieder.

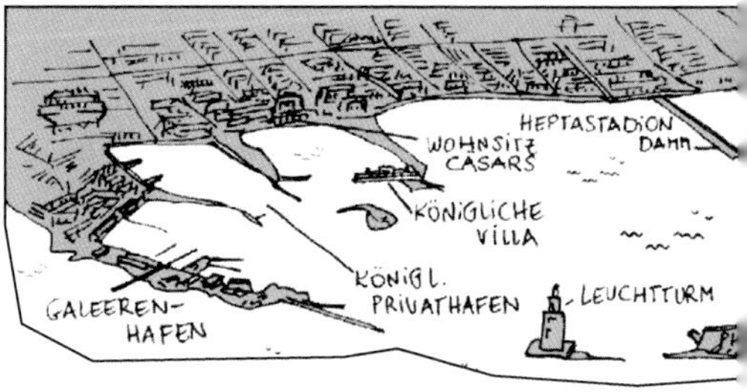

Römischer Bürgerkrieg – Caesar und Pompeius

Während sich Kleopatra und ihr Bruder um den ägyptischen Thron stritten, fand in Rom ein für die Welt weitaus wichtigerer Krieg statt: Caesar gegen Pompeius. Hier kämpfen Römer gegen Römer, weshalb man von einem Bürgerkrieg spricht. Der Anlass war Caesars Überschreiten des Grenzflusses Rubicon, was er mit den berühmten Worten „Die Würfel sind gefallen" (Alea iacta esto) kommentiert haben soll.

Für die römische Führungsschicht bedeutete Caesars militärischer Einmarsch in römisches Gebiet ein gravierender Verstoß gegen römische Gesetze. Deshalb beauftragte man den erfahrenen und mächtigen Feldherrn Pompeius, um Caesar für sein Vergehen zu bestrafen. Doch nach mehreren Schlachten, in denen viele römische Soldaten ihr Leben verloren, besiegte Caesar seinen ehemaligen Freund Pompeius in der Schlacht bei Pharsalos. Pompeius floh nach Ägypten und suchte Schutz bei den befreundeten Ptolemäern. Doch dort ließ man Pompeius ermorden, um nicht in den römischen Bürgerkrieg hineingezogen zu werden.

Alexandrinischer Krieg

Seinen Ursprung hat der Alexandrinische Krieg in dem Testament von Kleopatras Vater. Er bestimmt darin nämlich, dass Kleopatra und ihr kleiner Bruder sich die Herrschaft Ägyptens teilen sollen. Dies wollte die ehrgeizige Kleopatra nicht akzeptieren. Sie strebte die Alleinherrschaft von Ägypten an. Den Schlüssel für ihren Erfolg erkannte sie in Caesar, den sie, wie auch ihr Bruder, für sich gewinnen wollte. Wie sie sich im Kampf um Caesars Gunst gegen ihren Bruder durchsetzt, erfährst du in unserer Geschichte.

Aber mit Caesars Entscheidung für Kleopatra fing der Alexandrinische Krieg erst richtig an. Denn Potheinos, der wichtigste Ratgeber des jungen Ptolemäus, mobilisierte eine ägyptische Armee, die aus 20 000 kriegserfahrenen Infanteristen und 2000 Reitern bestand. Caesar dagegen verfügte nur über eine halbe Legion (etwa 4000 Mann), da er nicht mit einer solchen Militäraktion der Ägypter gerechnet hatte. Deshalb verschanzte sich Caesar im Regierungsviertel von Alexandria, wo er auf Unterstützung wartete. Endlich kam unter Führung des Mithridates von Pergamon das lang ersehnte Entsatzheer. Nachdem Caesar sein Heer mit dem des Mithridates vereinigt hatte, errang er 47 v. Chr. den entscheidenden Sieg über die ägyptische Armee. Ägypten wurde darauf nicht zur römischen Provinz, sondern ein guter Verbündeter, nicht zuletzt wegen der guten Beziehung zwischen Ägyptens Herrscherin Kleopatra und Caesar.

Ägyptischer Einfluss auf Caesar

Welche Folgen hatte die Beziehung zwischen Caesar und Kleopatra? Von dem gemeinsamen Sohn (Caesarion) war schon die Rede. Aber die wichtigste weltpolitische Entwicklung, die Kleopatra entscheidend beeinflusst hat, war das Ende der römischen Republik und das Entstehen des Kaisertums. Denn durch Kleopatra und die Ägypter, deren Pharaonen seit Jahrtausenden als Alleinherrscher regierten und dabei wie Götter verehrt wurden, scheint Caesar auf den Geschmack einer absoluten Monarchie gekommen zu sein. So begann er seit der Bekanntschaft mit Kleopatra sich göttliche Ehren erweisen zu lassen. Seine Tendenz zur Alleinherrschaft blieb allerdings auch den Senatoren nicht verborgen, weshalb sie sich gegen Caesar verschworen und ihn schließlich mit Dolchstichen ermordeten.

Der Julianische Kalender

Auch der Julianische Kalender, von Caesar eingeführt und nach ihm (G. Julius Caesar) benannt, ist auf den Einfluss der Ägypter zurückzuführen. Denn ohne den ägyptischen Astronom Sosigenes wäre er nie entstanden, was ein Beleg für das herausragende Leistungsvermögen ägyptischer bzw. alexandrinischer Wissenschaftler ist.

Den Julianischen Kalender benutzten die meisten protestantischen Staaten bis ins 18. Jahrhundert. Die Katholiken (Papst Gregor) dagegen korrigierten den Julianischen Kalender um 11 Minuten und 14 Sekunden und nannten ihn Gregorianischen Kalender. Er ist heute weltweit gültig.

Vokabelspeicher

accedere, -o	herantreten, dazukommen
accipere, -io, -cepi	empfangen, bekommen
addere, -o	hinzufügen
adesse, adsum	da sein; helfen
adhuc (Adv.)	(bis jetzt) noch
adiutor	Helfer
adiuvare	unterstützen, helfen
advenire	herankommen
adversarius	Gegner
aeger, aegra, aegrum	krank
Aegyptius, -a, -um	ägyptisch
Aegyptus, -i f. (!)	Ägypten
agere, -o, egi	handeln
amare	lieben
amator	Geliebter, Liebhaber
ambo, -ae, -o	beide
amittere, -o, amisi	verlieren
animus	Geist, Sinn
annus	Jahr
ante (+Akk.)	vor
antequam	bevor, ehe
apparere, -eo	erscheinen
apportare	herbeibringen
appropinquare	sich nähern
apud (+Akk.)	bei
ascendere, -o	besteigen
audire	hören
aureus, -a, -um	aus Gold, golden
aurum	Gold
aut ... aut	entweder ... oder
autem	aber
auxilium	Hilfe
ave!	sei gegrüßt!
benevolentia	Wohlwollen, Gunst
calamitas, -atis f.	Unglück, Niederlage
callidus, -a, -um	schlau, listig
capere, -io, cepi	ergreifen, nehmen
caput, capitis n.	Kopf
carere, -eo (+Abl.)	nicht haben
carus, -a, -um	lieb, teuer
castra, -orum n.pl.	Lager
cedere, -o, cessi	weichen, nachgeben
celebrare	feiern, preisen
certe (Adv.)	sicherlich
certus, -a, -um	sicher
cista	Kiste, Truhe
cito (Adv.)	schnell
clamare	rufen, schreien
cogitare	überlegen, nachdenken
cognoscere, -o, -novi	kennen lernen, erkennen
colloquium	Gespräch
comes, -itis	Begleiter, Gefährte
commotus, -a, -um	erregt
conciliare	verschaffen, besorgen
consilium	Rat(schlag)
contra (+Akk.)	gegen
controversia	Streit, Streiterei
copiae, -arum f.pl.	Truppen
cubiculum	(Schlaf)gemach
cum (+Abl.)	mit
cum (Subjunktion)	als
cupere, -io, -ivi	wünschen
cupido, -dinis f.	Verlangen, Begierde
cur?	warum?
dare, do, dedi	geben
de (+Abl.)	von ... her (ab); über
debere, -eo	müssen
deinde (Adv.)	dann, darauf
delectare	erfreuen
delere, -eo	vernichten, zerstören
denique (Adv.)	schließlich, endlich
deus	Gott
dicere, -o, dixi	sagen
discedere, -o, cessi	weggehen
discere, -o	lernen
disputare	diskutieren
diu (Adv.)	lange
dividere, -o, -divisi	teilen
divitiae, -arum f. pl.	Reichtum
docere, -eo	lehren, eine Lehre erteilen
domus f. (!)	Haus
donum	Geschenk
dormire	schlafen
dum	während
durus, -a, -um	hart
e, ex (+Abl.)	aus
ecce!	siehe! Da ist ...!
eius	sein, ihr
emere, -o	kaufen
epistula	Brief
ergo (Adv.)	also, folglich
et ... et	sowohl ... als auch
etiam	auch, sogar
examinare	prüfen
exclamare	ausrufen
exilium	Exil, Verbannung
explicare	erklären
expugnare	erobern
exspectare	(er)warten
facies	Gesicht, Gestalt
facilis, -e	leicht
fatum	Schicksal
favere, -eo, favi (+Dat.)	begünstigen, unterstützen
femina	Frau
filia	Tochter
filius	Sohn
finire	beenden
firmare	festigen
firmitudo, -dinis f.	Festigkeit, Stärke
firmus, -a, -um	fest, stark
flamma	Flamme
flumen, -inis n.	Fluss
fortasse (Adv.)	vielleicht
frater, -tris	Bruder
frumentum	Getreide
fugere, -io, fugi	fliehen
futurum	Zukunft

gaudere, -eo	sich freuen
gens, gentis f.	Geschlecht, Sippe, Familie
gloria	Ruhm, Ehre
Graecia	Griechenland
Graecus, -a, -um	griechisch
gratia	Gunst; Dank
habitare	wohnen
hic (Adv.)	hier
historia	Geschichte
homo, hominis	Mensch
hostis, -is m.	Feind
iacere, -eo	liegen
iam / non iam	schon / nicht mehr
ibi (Adv.)	dort
idoneus, -a, -um	geeignet
ignis, -is m.	Feuer
imperium	Reich; Befehl; Macht
incendium	Brand
inesse, insum	in etw. sein
infirmus, -a, -um	schwach
insanus, -a, -um	verrückt
intellegere, -o, lexi	einsehen, verstehen
inter (+Akk.)	zwischen, unter
intrare	betreten, eintreten
invenire	finden
invictus, -a, -um	unbesiegt, unbesiegbar
ipse, ipsa, ipsum	selbst
iratus, -a, -um	wütend, erzürnt
ita (Adv.)	so
itaque	daher, deshalb
iubere, -eo, iussi	befehlen
iudicare	(be)urteilen
iudicium	Urteil
lectus	Liege, Bett
legatus	Gesandter
legere, -o, legi	lesen
legio, -onis f.	Legion
licet	es ist erlaubt
litterae, -arum f.pl.	Brief, Schrift(rolle)
litus, litoris n.	Küste
locus	Ort, Platz
ludere, -o	spielen
ludus	Spiel
maestus, -a, -um	traurig
maximus, -a, -um	der größte
me	mich (im Aci: ich)
mecum	mit mir
mehercle!	beim Hercules!
merere, -eo	verdienen
meus, -a, -um	mein
mihi	mir
miles, militis m.	Soldat
minime (Adv.)	keineswegs, überhaupt nicht
minuere, -o	verringern, verkleinern
miser, misera, miserum	unglücklich, arm
misericordia	Mitleid
mittere, -o, misi	schicken
modo (Adv.)	nur
monere, -eo	(er)mahnen
morbus	Krankheit
mors, mortis f.	Tod
mortuus, -a, -um	tot
mox (Adv.)	bald
multi, -ae ,-a	viele
multitudo, -dinis f.	Menge
mundus	Welt
nam	denn
narrare	erzählen
navigare	segeln
navis, -is f.	Schiff
negotium (agere)	Geschäft (abwickeln)
nemo	niemand
neque ... neque	weder ... noch
non solum ... sed etiam	nicht nur ... sondern auch
nonne?	(etwa) nicht?
nonnulli ,-ae, -a	einige
nos	uns, wir
noster, nostra, nostrum	unser
nox, noctis f.	Nacht
num?	etwa?
observare	beobachten, betrachten
obses, obsidis	Geisel
omen, ominis n.	Vorzeichen
oportet	es gehört sich, es ist nötig
optimus, -a, -um	der beste, am besten
orare	bitten
parvus, -a, -um	klein
patria	Heimat, Vaterland
paulatim (Adv.)	allmählich
paulo post	(ein) wenig später
per (+Akk.)	durch
periculum	Gefahr
peritus, -a, -um	erfahren
pertinere, -eo (ad)	sich beziehen (auf)
petere, -o, petivi	aufsuchen, anstreben, erbitten
philosophus	Philosoph
placare	besänftigen, beschwichtigen
placere, -eo	gefallen
plus (Adv.)	mehr
porta	Tor, Tür
portare	tragen, bringen
positus, -a, -um	gelegen
posse, possum	können
post (+Akk.)	nach
postea (Adv.)	später
postquam	nachdem
potestas, -atis f.	Macht
praeclarus, -a, -um	ausgezeichnet, herrlich
praemium	Belohnung
primum (Adv.)	zuerst (einmal)
pro (+Abl.)	für
profecto (Adv.)	tatsächlich
promittere, -o	versprechen
properare	eilen
prudenter (Adv.)	klug
prudentia	Klugheit
pudor, -oris m.	Scham(gefühl)
puer, -i	Junge
pugna	Kampf
pugnare	kämpfen
pulcher, -chra, -chrum	schön
punire	bestrafen
putare	glauben, meinen
quaerere, -o	fragen
quam	als; wie
quamquam	obwohl
quem?	wen?
qui, quae, quod	der, die, das

quid?	was?
quidem	jedenfalls
quis?	wer?
quod	weil
quomodo?	wie? auf welche Weise?
rapere, -io, rapui	rauben, entreißen
recipere	zurücknehmen, zurückziehen
rectus, -a, -um	richtig
redire	zurückgehen
regere, -o	regieren, lenken, beherrschen
regina	Königin
regius, -a, -um	königlich
regnare	regieren, herrschen
regnum	das Regieren, die Königsherrschaft
relinquere, -o, reliqui	verlassen
respondere, -eo	antworten
rex, regis m.	König
rogare	fragen
rursus (Adv.)	wieder, zurück
salutare	grüßen, begrüßen
satis (Adv.)	genug
scire	wissen
scribere, -o, scripsi	schreiben
sed	aber, sondern
sedere, -eo	sitzen
semper (Adv.)	immer
servare	retten, bewahren
severus, -a, -um	ernst, streng
si	wenn, falls
signum	Zeichen
sine (+Abl.)	ohne
situs, -a, -um	gelegen, befindlich
socius	Gefährte, Verbündeter
sollicitare	beunruhigen
solus, -a, -um	allein
soror, -oris	Schwester
spectare	betrachten
stare	stehen
statim (Adv.)	sofort
stragulum	Teppich
stultus, -a, -um	dumm
suadere, -eo	raten
subito (Adv.)	plötzlich
surgere, -o, surrexi	sich erheben, aufstehen
tacere, -eo	schweigen
te	dich (im Aci: du)
tempus, -oris n.	Zeit
tenere, -eo	halten, behalten
tertius, -a, -um	dritte(r)
tibi	dir
timor, -oris m.	Angst
totus, -a, -um	ganz
tribunus	Tribun (militär. Rang)
triumphus	Triumphzug
tum (Adv.)	dann, darauf
tuus, -a, -um	dein
ubi	wo; sobald
unus, -a, -um	einziger
urbs, urbis f.	Stadt
ut	wie
uter, utra, utrum	wer (von beiden)
uxor, -oris f.	Ehefrau
vae!	wehe! ach!
valde (Adv.)	sehr
valere, -eo	gelten, wert sein
venia	Verzeihung
venire, -io, veni	kommen
verbum	Wort
verus, -a, -um	echt
vester, vestra, vestrum	euer
victor	siegreich; Sieger
victoria	Sieg
victus us m.	Lebensunterhalt, Nahrung
videre, -eo, vidi	sehen
vincere, -o, vici	(be)siegen
vir, -i	Mann
virgo, virginis	junge Frau
vita	Leben
vivere, -o	leben
vox, vocis f.	Stimme
vulnus, vulneris n.	Wunde